Den Laut „o“ im Wort finden

1 Vorne, in der Mitte oder hinten? Kreuze an, wo du den Laut „o“ im Wort hörst.

a) 

b) 

c) 

d) 

e) 

f) 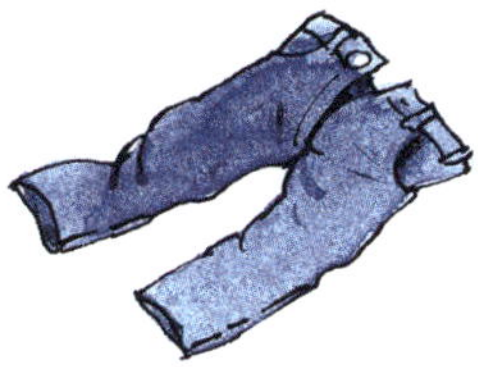

Lösungen

1 a)

		X

b)

X		

c)

	X	

d)

X		

e)

	X	

f)

	X	

Große und kleine Buchstaben

1 Schreibe den kleinen Buchstaben dazu.

M / ___ L / ___ I / ___

O / ___ S / ___ T / ___

N / ___ E / ___ R / ___

2 Schreibe den großen Buchstaben davor.

___ / w ___ / d ___ / f

___ / u ___ / p ___ / a

___ / g ___ / k ___ / b

Lösungen

1 M / m L / l I / i

O / o S / s T / t

N / n E / e R / r

2 W / w D / d F / f

U / u P / p A / a

G / g K / k B / b

Anlautsilben finden

1 Umkreise immer die Silbe, mit der das gesuchte Wort anfängt.

a) 

Gi Go Ga

b) 

La Lu Lo

c) 

Ra Ru Ro

d) 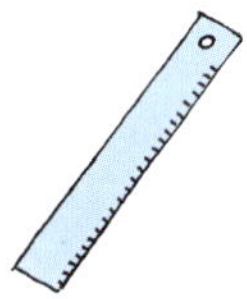

La Le Li

e) 

Be Ba Bi

f) 

Ta Te Tu

Lösungen

1

a)

Gi Go (Ga)

b)

La (Lu) Lo

c)

Ra Ru (Ro)

d)

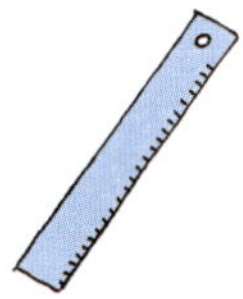

La Le (Li)

e)

Be Ba (Bi)

f)

Ta Te (Tu)

Schriftbilder erkennen

1 Die Kästchen zeigen dir, wie lang die Buchstaben eines Wortes sind. Trage die Wörter richtig ein.

sehen gehen sagen legen

a)

b)

c)

d)

2 Kreuze die richtige Antwort an.

Die Wörter in Aufgabe 1 sind

- ◯ Nomen (Namenwörter)
- ◯ Adjektive (Wiewörter)
- ◯ Verben (Tunwörter)

Lösungen

1

a) legen

b) gehen

c) sagen

d) sehen

2 Tunwörter

Silben zu Wörtern zusammenfügen

1 Suche immer zwei Silben, die zusammen ein Wort bilden. Schreibe die Wörter auf.

Wol Son ne

ken

Him mel

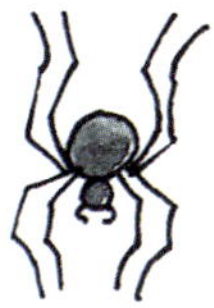

Wär Re gen me

2 Wozu gehören alle Wörter aus Aufgabe 1?

○ zum Essen ○ zum Wetter ○ zur Schule

Lösungen

1 Wolken, Sonne, Himmel, Wärme, Regen

2 zum Wetter

Reimwörter

1 Setze erst den einen und dann den anderen Buchstaben in die Lücke ein. Schreibe die Reimwörter auf.

a) H N ___ ase ______ – ______

b) L S ___ and ______ – ______

c) R D ___ ing ______ – ______

d) T S ___ ee ______ – ______

Lösungen

1

a) Hase – Nase

b) Land – Sand

c) Ring – Ding

d) Tee – See

Einfache Wörter schreiben

1 Schreibe zu jedem Bild das passende Namenwort.

a) 

b) 

c) 

d) 

e) 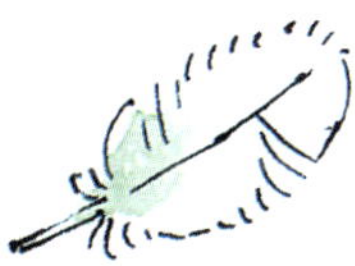

f) 

Lösungen

1

a) Haus

b) Rose (oder: Blume)

c) Nest

d) Auto

e) Feder

f) Eis

Das Abc

1 In jedem Abc-Abschnitt ist ein Buchstabe zu viel. Streiche ihn.

A B C S D E F

G H M I J K L

M N O B P Q R

S T U K V W X Y Z

Schreibe alle Buchstaben des Abc auf.

2 a) Als große Buchstaben:

b) Als kleine Buchstaben:

Lösungen

1 A B C ~~S~~ D E F　　G H ~~M~~ I J K L

M N O ~~B~~ P Q R　　S T U ~~K~~ V W X Y Z

2 a) A B C D E F G H I J K L M N O P Q R S T U V
W X Y Z

b) a b c d e f g h i j k l m n o p q r s t u v w x y z

Nomen erkennen und richtig schreiben

1 Hier sind alle Wörter nur mit großen Buchstaben geschrieben. Unterstreiche die Nomen.

RAD	LIEB	AUTO	HOLEN
NASE	SONNE	LEISE	WIESE
ZOO	ROT	SEHEN	BLUME

2 Schreibe alle Nomen aus Aufgabe 1 richtig auf. Nur der Anfangsbuchstabe wird großgeschrieben.

Lösungen

1

<u>RAD</u>	LIEB	<u>AUTO</u>	HOLEN
<u>NASE</u>	<u>SONNE</u>	LEISE	<u>WIESE</u>
<u>ZOO</u>	ROT	SEHEN	<u>BLUME</u>

2 Rad, Auto, Nase, Sonne, Wiese, Zoo, Blume

Selbstlaute einsetzen

1 Welcher Selbstlaut fehlt?
Überlege und trage ihn ein.

a) „o“ oder „u“?

g__t r__t Bl__me S__nne

b) „e“ oder „i“?

Pak__t __st K__nd g__rn

2 Schreibe die Wörter aus Aufgabe 1
noch einmal auf.

a)

b)

Lösungen

1 a) gut, rot, Blume, Sonne

b) Paket, ist, Kind, gern

2 a) gut, rot, Blume, Sonne

b) Paket, ist, Kind, gern

Nomen und ihre Artikel (Begleiter)

1 Der, die oder das? Setze den passenden Artikel ein.

a) ____________ Hund b) ____________ Kuh

c) ____________ Schwein d) ____________ Küken

e) ____________ Gans f) ____________ Tiger

2 Beantworte die Fragen: Schreibe die richtigen Tiernamen aus Aufgabe 1 mit ihren Artikeln auf.

a) Welches Tier findest du ganz bestimmt nicht auf dem Bauernhof?

b) Welches Tier ist besonders jung und klein?

c) Welches Tier gibt uns Milch?

Lösungen

1

a) der Hund

b) die Kuh

c) das Schwein

d) das Küken
(oder: die Küken)

e) die Gans

f) der Tiger

2

a) der Tiger
(oder: den Tiger)

b) das Küken

c) die Kuh

Vertauschte Buchstaben

1 In den Kreisen stehen Tiernamen. Die Buchstaben sind durcheinandergeraten. Schreibe die Wörter richtig auf.

a) l s E e

b) d H u n

c) a e s H

d) o D i n

e) g l o V e

f) r i e T g

Lösungen

1

a) Esel
b) Hund
c) Hase
d) Dino
e) Vogel
f) Tiger

Verschiedene Buchstaben unterscheiden

1 Schreibe auf, wie oft du die angegebenen Buchstaben findest.

a) Wie viele „M“ und „m“?

b) Wie viele „N“ und „n“?

c) Wie viele „R“ und „r“?

M s T S R N
m
r t m
n n R
r W
v
S N m
r W n
R
w n
n R
m N
M
v S n r

Lösungen

1 a) 6 „M“ und „m“

b) 9 „N“ und „n“

c) 8 „R“ und „r“

Stellung von „A/a“ im Wort

1 In den Kästchen ist angekreuzt, an welchen Stellen des Wortes ein „A“ oder „a“ vorkommt: vorne, in der Mitte oder hinten. Schreibe das passende Wort darüber.

Anna Jana Abfall Fahne Affe Opa

a)

	X	

b)

	X	X

c)

X		

d)

X		X

e)

X	X	

f)

		X

Lösungen

1

a) Fahne b) Jana

c) Affe d) Anna

e) Abfall f) Opa

Wörter mit „Ei/ei“

1 In welchen Wörtern hörst du ein „ei“?
Kreise die richtigen Bilder ein.

2 Lies die Fragen und kreuze die richtige Antwort an.

a) Kann ein Huhn ein Ei legen?
○ ja ○ nein

b) Kann ein Elefant im Eimer sitzen?
○ ja ○ nein

c) Ist ein Eis ganz kalt?
○ ja ○ nein

d) Kann man auf einer Leiter reiten?
○ ja ○ nein

Lösungen

1

2
- a) ja
- b) nein
- c) ja
- d) nein

Wörter mit „Au/au"

1 Bei diesen Wörtern fehlt das „Au" oder „au". Setze es ein.

a) l___ ___fen
b) M___ ___s
c) B___ ___er
d) h___ ___en
e) s___ ___sen
f) ___ ___to
g) Fr___ ___
h) k___ ___fen

2 Schreibe alle Verben (Tunwörter) aus Aufgabe 1 auf.

3 Setze das „au" ein. Welches dieser Wörter ist ein Name?

M___ ___l
H___ ___s
P___ ___l

Lösungen

1

a) laufen b) Maus
c) Bauer d) hauen
e) sausen f) Auto
g) Frau h) kaufen

2 laufen, hauen, sausen, kaufen

3 Maul, Haus, Paul
Das Wort „Paul“ ist ein Name.

Unbestimmte Artikel (Begleiter)

1 Setze „ein“ oder „eine“ vor das Wort.

a) ____________ Hund b) ____________ Biene

c) ____________ Ente d) ____________ Kater

e) ____________ Motor f) ____________ Hupe

2 Schreibe zu jedem Geräusch das Wort aus Aufgabe 1, das dazu passt.

a) miau-miau:

b) brumm-brumm:

c) wau-wau:

d) tröt-tröt-tröt:

e) summ-summ:

Lösungen

1

a) ein Hund b) eine Biene
c) eine Ente d) ein Kater
e) ein Motor f) eine Hupe

2

a) Kater
b) Motor
c) Hund
d) Hupe
e) Biene

Wörter mit „Sch/sch"

1 Setze „Sch" oder „sch" ein.

a) Ti________ b) ________uhe

c) ________iff d) Ta________e

e) ________af f) Fi________

2 Beantworte die Fragen.

a) Welche zwei Wörter aus Aufgabe 1 sind Namen von Tieren?

b) Womit kann man übers Meer fahren?

c) Was kann man anziehen?

Lösungen

1
a) Tisch b) Schuhe
c) Schiff d) Tasche
e) Schaf f) Fisch

2
a) Schaf, Fisch
b) Schiff
c) Schuhe

Wörter mit „ie"

1 Unterstreiche das „ie" in den Wörtern, in denen du es findest.

Brief Schiff Wiese tief

Mist liegen Kiste Riese

viel ist Biene Dieb Biss

2 Schreibe alle Wörter mit „ie" aus Aufgabe 1 auf.

Ich genieße die Sonne.

Lösungen

1 Brief Schiff Wiese tief

Mist liegen Kiste Riese

viel ist Biene Dieb Biss

2 Brief, Wiese, tief, liegen, Riese, viel, Biene, Dieb

Große und kleine Buchstaben

1 Verbinde die kleinen und großen Buchstaben, die zusammengehören.

K	j
Z	k
J	h
V	z
H	v

2 Schreibe immer den großen und den dazu passenden kleinen Buchstaben aus Aufgabe 1 in eine Zeile.

Lösungen

1

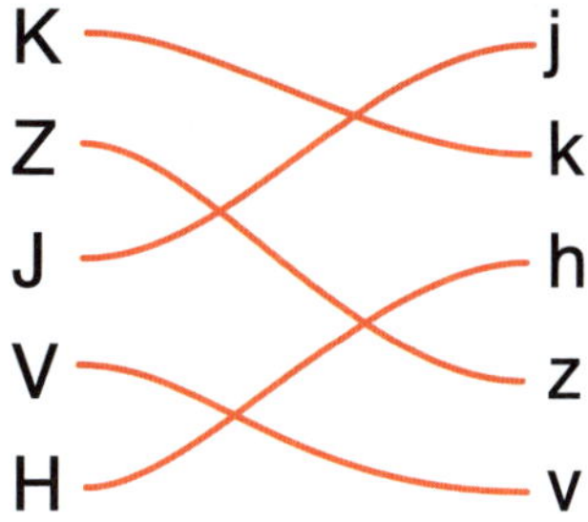

2

K, k   Z, z

J, j   V, v

H, h

Wörter mit „Ö/ö"

1 Unterstreiche in allen Wörtern das „Ö" oder „ö".

Flöten	Möwen		
Möbel	Kröten	Löffel	Vögel
Wölfe	Möhren	Öfen	Löwen

2 Tiere oder Dinge? Schreibe die Wörter aus Aufgabe 1 richtig in die Tabelle.

Tiere	Dinge

Lösungen

1 Flöten Möwen

Möbel Kröten Löffel Vögel

Wölfe Möhren Öfen Löwen

2

Tiere	Dinge
Möwen	Flöten
Kröten	Möbel
Vögel	Löffel
Wölfe	Möhren
Löwen	Öfen

Wörter mit „ü“

1 Ergänze die Sätze mit den passenden „ü“-Wörtern aus dem Kasten.

Stühle Tür grün süß Hühner Küken Rüssel

a) Das Gras auf der Wiese ist

_______________ .

b) Ein Elefant hat einen langen

_______________ .

c) Kakao ist lecker und _______________ .

d) Tim klebt ein Poster an die _______________ .

e) Am Tisch stehen viele _______________ .

f) Kleine _______________ nennt man

_______________ .

Lösungen

1

a) grün

b) Rüssel

c) süß

d) Tür

e) Stühle

f) Hühner, Küken

Das Abc

1 Hier stehen Vornamen in der Reihenfolge des Abc. Die fehlenden Namen stehen unten im Kasten. Trage sie an den richtigen Stellen ein.

Anna, Ben, ______________, Daniel,

______________, Felix, ______________, Hanna,

Ida, ______________, Kim, ______________,

Maria, ______________, Olga, ______________,

Quentin, Ronja, ______________, Theo, Ulrike,

______________, Wim, Xaver, ______________,

Zoe.

Jan Gregor Paul

Elena Nico Clara

Leon Sofie

Yasemin Victor

Lösungen

1 Anna, Ben, **Clara**, Daniel, **Elena**, Felix, **Gregor**, Hanna, Ida, **Jan**, Kim, **Leon**, Maria, **Nico**, Olga, **Paul**, Quentin, Ronja, **Sofie**, Theo, Ulrike, **Victor**, Wim, Xaver, **Yasemin**, Zoe.

Nomen mit „Sp"

1 Überlege genau: Fängt das Nomen mit „Sch" oder mit „Sp" an? Trage die richtigen Anfangsbuchstaben ein.

a) ______ere　　b) ______iegel
c) ______ort　　d) ______iff
e) ______iel　　f) ______aß
g) ______ange　　h) ______ale
i) ______inat　　k) ______aten

2 Schreibe alle Nomen, die mit „Sp" anfangen, mit ihrem Artikel auf.

Lösungen

1

a) Schere
b) Spiegel
c) Sport
d) Schiff
e) Spiel
f) Spaß
g) Spange
h) Schale
i) Spinat
k) Spaten

2 der Spiegel, der Sport, das Spiel, der Spaß, die Spange, der Spinat, der Spaten

Verben

1 Setze die passenden Verben (Tunwörter) ein.

schreiben	malen	trinken	werfen
essen	klettern	weinen	lachen

a) ein Stück Kuchen ______________

b) den Ball ______________

c) einen Brief ______________

d) über einen Witz ______________

e) auf einen Baum ______________

f) ein Glas Limo ______________

g) ein Bild ______________

h) dicke Tränen ______________

Lösungen

1

a) ein Stück Kuchen essen
b) den Ball werfen
c) einen Brief schreiben
d) über einen Witz lachen
e) auf einen Baum klettern
f) ein Glas Limo trinken
g) ein Bild malen
h) dicke Tränen weinen

Wörter mit „ä“, Mehrzahl

1 Setze nur dann ein „ä“ ein, wenn dadurch ein sinnvolles Wort entsteht.

B___r   ___rgern   G___rl

S___ge   t___len   L___nder

2 Schreibe die Mehrzahl auf. Dabei verwandelt sich das „a“ in ein „ä“.

a) ein Ball – viele ______________

b) eine Hand – viele ______________

c) ein Rad – viele ______________

d) ein Glas – viele ______________

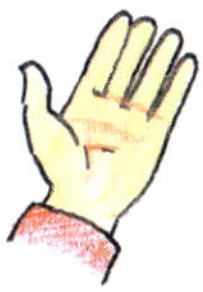

e) ein Mann – viele ______________

f) eine Bank – viele ______________

g) eine Wand – viele ______________

Lösungen

1 Bei diesen Wörtern kannst du ein „ä“ einsetzen:
Bär, ärgern, Säge, Länder

2
a) Bälle
b) Hände
c) Räder
d) Gläser
e) Männer
f) Bänke
g) Wände

Vertauschte Wörter

1 Hier steht immer ein Wort an der falschen Stelle. Schreibe die Sätze richtig auf.

a) Im Baum ein ist Nest.

b) Im Nest Eier liegen.

c) Bald werden dort piepen Küken.

Lösungen

1
a) Im Baum ist ein Nest.
b) Im Nest liegen Eier.
c) Bald werden dort Küken piepen.

Nomen mit „Pf/pf“

1 Bei diesen Nomen fehlt das „Pf“ oder „pf“. Setze es ein. Denke daran, dass es am Wortanfang großgeschrieben wird.

a) Ko____ b) ____anne

c) ____au d) A____el

e) Zo____ f) ____ote

g) Kno____ h) ____eil

2 Schreibe die Wörter aus Aufgabe 1 mit ihrem Begleiter auf.

Lösungen

1

a)	Kopf	b)	Pfanne
c)	Pfau	d)	Apfel
e)	Zopf	f)	Pfote
g)	Knopf	h)	Pfeil

2 der Kopf, die Pfanne, der Pfau, der Apfel, der Zopf, die Pfote, der Knopf, der Pfeil

Wörterschlangen

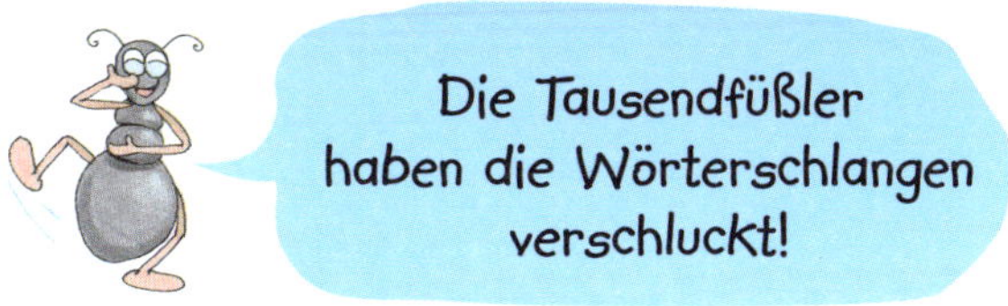

1 Drei Nomen bilden eine Wörterschlange.
Ziehe nach jedem Wort einen Strich und
schreibe die Wörter auf.
Bedenke: Nomen schreibt man groß.

2 Diese Wörterschlange besteht aus fünf
Adjektiven. Trenne sie an den richtigen
Stellen und schreibe die Wörter auf.
Denke daran: Adjektive schreibt man klein.

Lösungen

1 K A M E L | K R O K O D I L | G I R A F F E

Kamel, Krokodil, Giraffe

2 L E I S E | K A L T | A L T | R O T | W E I T

leise, kalt, alt, rot, weit

Nomen mit „St“

1 Suche in dem Buchstabengitter fünf Nomen mit „St“ und kreise sie farbig ein. Suche von links nach rechts und von oben nach unten.

D	S	T	E	R	N
S	K	E	S	G	L
T	M	B	T	O	S
U	H	I	I	W	T
R	N	A	E	U	E
M	O	Z	R	F	I
S	T	I	F	T	N

2 Schreibe die gefundenen Nomen auf. Denke daran, dass du nur den ersten Buchstaben großschreiben musst.

Lösungen

1

D	S	T	E	R	N
S	K	E	S	G	L
T	M	B	T	O	S
U	H	I	I	W	T
R	N	A	E	U	E
M	O	Z	R	F	I
S	T	I	F	T	N

2 Stern, Stift, Sturm, Stier, Stein

Sinnentnehmendes Lesen

1 Kreuze den Satz an, der zum Bild passt.

a) 

◯ Hanna und Hatice kommen aus dem Zoo heraus.

◯ Hanna und Hatice sind im Zoo.

◯ Hanna und Hatice gehen in den Zoo.

b) 

◯ Tilda lässt einen Drachen steigen.

◯ Tilda lässt einen Ballon steigen.

◯ Tilda lässt zwei Drachen steigen.

Lösungen

1 a) Hanna und Hatice gehen in den Zoo.

b) Tilda lässt einen Drachen steigen.

Wörter mit „ß“

1 Setze den Buchstaben „ß“ ein.

a) Spa___ b) grü___en

c) gro___ d) Fu___

e) flie___en f) sü___

g) Stra___e h) wei___

2 Schreibe die Wörter aus Aufgabe 1 nach den Wortarten geordnet auf.

a) 3 Nomen:

b) 2 Verben:

c) 3 Adjektive:

Lösungen

1

a) Spaß b) grüßen
c) groß d) Fuß
e) fließen f) süß
g) Straße h) weiß

2

a) Spaß, Fuß, Straße
b) grüßen, fließen
c) groß, süß, weiß

Zusammengesetzte Nomen

1 Wie heißen die Tiere? Verbinde die passenden Wörter.

Eis-	-kröte
Gold-	-wurm
Regen-	-hund
See-	-bär
Schild-	-wal
Blau-	-fisch

2 Schreibe die Tiernamen auf.

Lösungen

1

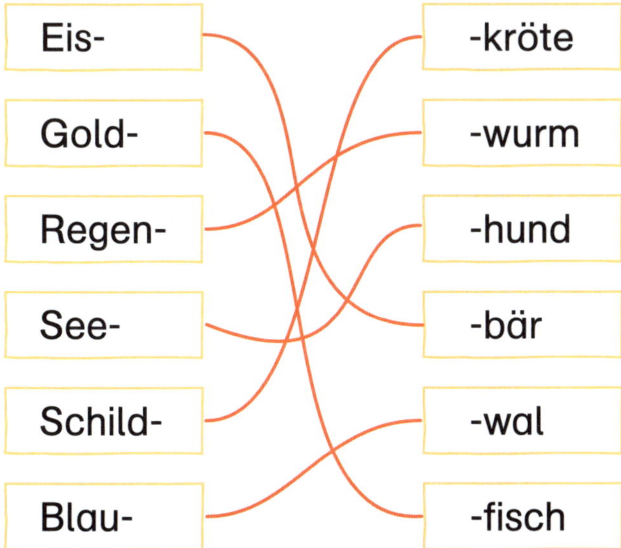

2 Eisbär, Goldfisch, Regenwurm, Seehund, Schildkröte, Blauwal

Wörter mit „Äu/äu"

1 Immer zwei Wörter gehören zusammen.
Suche die Paare und schreibe sie auf.

Haus Zaun Maus Bauer rauben
Mäuse Räuber Zäune Häuser Bäuerin

a) Haus – Häuser

b) –

c) –

d) –

e) –

Lösungen

1

a) Haus – Häuser
b) Zaun – Zäune
c) Maus – Mäuse
d) Bauer – Bäuerin
e) rauben – Räuber

Wörter mit „Eu/eu"

1 Unterstreiche bei allen Wörtern das „Eu" oder „eu".

freuen Freundin neu Beule

Eule Heu teuer Freund

2 Suche alle Namenwörter aus Aufgabe 1 und schreibe sie mit ihrem Begleiter auf.

3 Bei zwei Lücken entsteht ein sinnvolles Wort, wenn du ein „eu" einsetzt. Welche beiden Wörter sind das?

St____er L____ke h____te

Lösungen

1 freuen Freundin neu Beule
Eule Heu teuer Freund

2 die Freundin, die Beule, die Eule, das Heu,
der Freund

3 Steuer, heute

Kurze und lange Selbstlaute

1 Wird der Selbstlaut kurz oder lang gesprochen? Setze einen Punkt unter die kurzen Selbstlaute und einen Strich unter die langen Selbstlaute.

rot	kalt	grün	nass
brav	hoch	bunt	hart

2 Überlege, ob der Selbstlaut kurz oder lang gesprochen wird, und setze einen Punkt oder einen Strich darunter.

Bett	Kuh	Fass	Weg
Rad	Cent	Mut	Zahn

3 In welcher Aufgabe stehen nur Adjektive? Kreuze an.

- ◯ in Aufgabe 1
- ◯ in Aufgabe 2

Lösungen

1 rot kalt grün nass

brav hoch bunt hart

2 Bett Kuh Fass Weg

Rad Cent Mut Zahn

3 in Aufgabe 1

Silbentrennung

1 Unterteile die Wörter in Silben und schreibe sie getrennt auf wie im Beispiel.

Hase: Ha-se   Käfer: Kä-fer

Meise: Vogel:

Mama: Papa:

Tiger: Löwe:

2 Finde zu jedem Wortanfang die zweite Silbe. Schreibe die Wörter auf.

Wie-   Ro-   Tul-   Nel-   Blu-

-pe   -ke   -se   -me   -se

Lösungen

1 Ha-se Kä-fer

Mei-se Vo-gel

Ma-ma Pa-pa

Ti-ger Lö-we

2 Wiese, Rose, Tulpe, Nelke, Blume

Sinnentnehmendes Lesen: Wörter mit „ch“

1 Lies die Geschichte.

> „Gute Nacht“, sagt Mama zu Mia.
> Mia bittet: „Lass das Licht doch noch an!
> Ich bleibe wach und lese ein lustiges Buch.“
> „Ja“, sagt Mama. „Aber nicht so laut lachen!“
> Eine Stunde später schleicht Mama ins
> Zimmer. Mia macht „chrr, chrr, ...“

2 Schreibe alle Wörter mit „ch“ auf.

3 Was macht Mia, als Mama ins Zimmer kommt? Kreuze an.

- ○ Mia ist wach und liest noch ein Buch.
- ○ Mia schläft und schnarcht.

Lösungen

2 Nacht, Licht, doch, noch, Ich, wach, Buch, nicht, lachen, schleicht, macht, chrr

3 Mia schläft und schnarcht (denn sie macht „chrr, chrr, …“).

Wörter mit „X/x", „Y/y", „Qu/qu"

1 Lies die Wörter mit seltenen Buchstaben und schreibe sie unter das passende Bild.

Pony Taxi Qualle Hexe Handy Teddy

a) 

b) 

c) 

d) 

e) 

f) 

Lösungen

1

a) 

b) 

Taxi

c) 

Pony

d) 

Teddy

e) 

Handy

f) 

Qualle